GRAND ORIENT DE FRANCE

Suprême Conseil pour la France et les Possessions françaises

Assemblée générale de 1928

DISCOURS DE CLOTURE

PRONONCÉ LE 22 SEPTEMBRE 1928

Par le F∴ LEBOSSÉ

ORATEUR DU CONVENT

PARIS

SECRÉTARIAT GÉNÉRAL DU GRAND ORIENT DE FRANCE

16, rue Cadet, 16

1928

GRAND ORIENT DE FRANCE

Suprême Conseil pour la France et les Possessions françaises

Assemblée générale de 1928

DISCOURS DE CLOTURE

PRONONCÉ LE 22 SEPTEMBRE 1928

Par le F.˙. LEBOSSÉ

ORATEUR DU CONVENT

PARIS
SECRÉTARIAT GÉNÉRAL DU GRAND ORIENT DE FRANCE
16, rue Cadet, 16

1928

GRAND ORIENT DE FRANCE

Suprême Conseil pour la France et les Possessions Françaises

DISCOURS DE CLOTURE

PRONONCÉ LE 22 SEPTEMBRE 1928

Par le F∴ LEBOSSÉ

ORATEUR DU CONVENT

Mes FF∴,

Il est de tradition qu'un Orateur du Convent — surtout lorsqu'il est, comme moi, pris à l'improviste — comprenant ses responsabilités et sentant sa faiblesse, s'excuse près de vous de son audace et de son imprudence. Je ne le ferai point, pourtant, persuadé que vous n'attendez pas de moi une page d'anthologie maç∴ analogue à celle que vous présenta mon très illustre prédécesseur à la tribune, le F∴ Groussier, mais une allocution plus modeste et plus au niveau de mes moyens.

Il ne s'agit pas, comme l'an dernier, de dessiner avec autorité devant la Maç∴ internationale le visage vrai de la Maç∴ du G∴ O∴ de France, de montrer ses titres de noblesse, de définir ses buts et son rôle devant l'histoire, de justifier sa régularité et de défendre sa position philosophique.

Ma tâche est plus simple. Je veux être, sans plus, l'écho fidèle de vos discussions et de vos préoccupations et, dépouillant mon discours de toute éloquence, procéder devant vous objectivement et avec sérénité à notre *examen de conscience maç∴*.

Il n'est pas douteux, en effet, que si la Maç∴ du G∴ O∴ de France peut, par son histoire, se comparer à n'importe quelle Obédience, si, par son respect absolu de la liberté de pensée, elle se place à l'avant-garde de la Maç.˙. Universelle, il règne dans les Ateliers et dans l'esprit des meilleurs et des plus qualifiés d'entre nous une inquiétude que nous avons le devoir d'analyser, dont nous devons chercher les causes et à laquelle il nous faut porter remède si nous voulons maintenir le prestige maç.˙..

Le prestige maç.˙. !

C'est la question qui a dominé tout le Convent depuis le moment où le Conseil de l'Ordre nous a montré le péril que nous faisait courir la propagande antilaïque jusqu'à cet après-midi passionné d'hier où il nous a été donné d'entendre le réquisitoire le plus véhément que des amis désabusés puissent dresser devant nous. Sans doute, les quatre journées précédentes ont été occupées par l'étude approfondie des problèmes essentiels pour la démocratie et l'humanité. Vous vous êtes préoccupés de l'avenir des œuvres d'éducation de la jeunesse et des moyens d'éviter le retour des sanglantes hécatombes. Les solutions que vous avez apportées après les lumineux exposés de vos rapporteurs sont empreintes, comme il sied, du plus noble idéalisme et de l'esprit le plus positif à la fois, mais en les étudiant vous n'avez pas oublié que vous étiez des Maçons et vous avez eu le souci de marquer le rôle de la Franc-Maç.˙. dans l'œuvre essentielle de propagande républicaine et pacifique et, à chaque moment, la même question est revenue sur vos lèvres : La Maç.˙. a-t-elle fait tout son devoir ? et presque unanimement vous avez déploré que nous n'ayons plus dans le monde profane la même influence que jadis.

Creusons plus à fond les causes de cette inquiétude générale et reconnaissons d'abord que certaines d'entre elles manquent parfois de noblesse. Quelques Maçons se sont plaints que la Maç.˙. n'ait pas fait pour eux davantage et ils ont été amenés à penser qu'elle ne servait plus à rien du moment qu'elle ne les servait pas. Le Convent, mes FF.˙., a fait justice de cette conception égoïste. Avec le Conseil de l'Ordre, et unanimement, il a déclaré que la Maç.˙. ne

pouvait être une « république de camarades ». Résolue à
faire respecter la justice lorsque ses membres sont frappés
en raison de leurs opinions, elle n'en reste pas moins attachée
à cette idée que jamais la justice ne doit être sacrifiée à l'in-
térêt personnel de quelques Francs-Maç.·..

Mais notre inquiétude a des causes plus profondes et plus
justifiées, causes honorables en elles-mêmes, d'ailleurs, puis-
que la raison doit en être cherchée avant tout dans la con-
viction que nous avons tous que *l'idéal maç.·. de justice
sociale et de progrès moral doit se réaliser dans le monde
profane* et dans le découragement qui nous atteint lorsque
nous constatons que les vœux généreux que nous avons for-
mulés ne trouvent pas plus vite une réalisation.

Il semble parfois que les pouvoirs publics soient devenus
sourds à notre voix, et nous sommes moins attristés de la
méfiance et de la méchanceté que les chefs de service mani-
festent contre nos FF.·. que du déplorable esprit de routine
et de conservatisme social qu'ils opposent aux réformes que
nous demandons.

Il semble aussi qu'un certain malaise règne entre nous
et certains parlementaires Maçons, non pas comme on l'a
dit parce qu'ils manqueraient de docilité, nous ne leur avons
rien demandé de pareil, non pas, encore moins, parce qu'ils
repoussent certaines sollicitations que nous réprouvons, mais
parce qu'eux aussi se montrent parfois gênés devant nous
de ne pouvoir faire davantage pour la République.

Et, sans tomber dans un antiparlementarisme facile et
qui est l'arme la plus empoisonnée de nos ennemis, on peut
dire que les ministres Maçons, même les meilleurs, lorsque
nous réussissons à les joindre et à leur manifester notre
découragement, lèvent leurs bras au ciel comme pour un
signe de détresse qui n'est, au fond, qu'un signe de lassitude
et d'abandon.

N'exagérons rien, mais constatons qu'il existe parmi nous
une certaine impatience désintéressée à voir que notre désir
de mieux ne se traduise pas plus vite par des progrès et des
réformes que nous demandons avec obstination depuis tant
d'années.

Cette impuissance de notre Ordre nous est d'autant plus pénible, que nous avions mis dans la Maç∴ tous nos espoirs et que nous n'avons pas oublié *son rôle éminent dans notre histoire*. Si nous l'avions perdu de vue, nos adversaires d'ailleurs se chargeraient de nous rappeler que la Révolution est notre œuvre, que tous les grands hommes des deux derniers siècles ont pris place sur nos col∴, que tous les mouvements d'affranchissement des peuples depuis 1815 sont nés dans nos Temples.

Si nous comparons hier à aujourd'hui, nous sommes bien obligés d'avouer que nous ne sommes plus à la même place dans l'ordre des pouvoirs et c'est une raison de plus pour nous demander si les pessimistes n'ont pas raison, qui proclament dans nos Temples et à cette tribune et dans tous les couloirs et dans tous les parvis surtout, que la Maç∴ n'est plus qu'un grand corps affaibli et perclus et que les attaques de nos adversaires ne signifient plus qu'on la craint mais qu'on peut impunément lui décocher le coup de pied que vous savez.

Il est vrai, mes FF∴, que nous portons un pesant héritage. La Maç∴, depuis cent cinquante ans, semble avoir été le cœur battant de la République et si l'Histoire nous montrait depuis le dix-huitième siècle un affaiblissement continu de son pouvoir, nous serions en droit de penser qu'elle va bientôt mourir.

Heureusement il n'en est pas ainsi et nous constatons simplement que la Maç∴, comme toutes les institutions humaines, a subi *l'influence de la société* dont elle est un organe. Plusieurs fois déjà, à la suite de triomphes éclatants, elle a paru s'effacer ou se recueillir.

Au temps de la tourmente révolutionnaire, ses militants, occupés dans les assemblées et dans les clubs, avaient déjà déserté les Temples. Pendant le despotisme qui suivit, la Maç∴ ne put vivre que domestiquée et elle ne reprit force et vigueur qu'après 1815, au moment où les idées libérales commençaient à renaître. Elle fut l'âme de toutes les luttes pour la conquête des libertés démocratiques jusqu'en 1848, mais s'inclina encore sous le despotisme napoléonien pour ne revivre agissante que sous la troisième république et sauver le régime chaque fois que la réaction semblait devoir le mettre en danger.

Ce n'est donc ni par un développement continu qu'elle a exercé son action bienfaisante, ni par un affaiblissement lent et progressif qu'elle en est au point où nous sommes. Elle a vécu une série de crises de croissance et de maladie. Nous sommes à l'un de ces moments d'anémie pernicieuse, mais rien ne nous autorise à douter de l'avenir quand nous regardons le passé.

A l'heure actuelle, s'il nous semble que la Maç∴ ait faibli, ce n'est pas, comme on l'a dit, parce que les nouveaux n'ont plus la même foi que les anciens. Ce sont surtout, en effet, les nouveaux qui sont ardents à la critique et qui veulent porter remède à nos faiblesses. *La Maç∴ de notre époque souffre des maux qui sont ceux de la société d'après guerre tout entière.* Pourquoi s'en étonner ?

Aviez-vous pensé vraiment que cinq années de brutalité, de rapines, d'étouffement de la pensée nous donneraient autre chose qu'une génération d'égoïstes et de jouisseurs ? Ce qui me frappe ce n'est pas que la Maç∴ soit moins puissante qu'autrefois, c'est qu'elle ait réussi à conserver, dans l'universelle décadence, l'idéal qui la rend si sévère pour elle-même et à maintenir sa direction, comme le pilote qui sait garder dans la tempête son regard tourné vers l'étoile qui le guide.

Aviez-vous pensé aussi que dans une société où le matérialisme le plus bas est de règle, les institutions qui représentent les forces morales et ne représentent que cela seraient entourées du même respect qu'aux périodes héroïques ? Mais regardez autour de vous, et si vous êtes touchés douloureusement du progrès des œuvres adverses, constatez avec moi qu'elles n'ont réussi que dans la mesure où elles laissent de côté les forces morales. Les patronages religieux ont beau se développer, la jeunesse qui les fréquente n'est ni plus morale ni plus fraternelle. Je

vois bien des organismes de combat mais pas d'institutions de perfectionnement ni de culture. Je vois des partisans et non pas des sages, je vois surtout des indifférents qui vont où on sait les distraire et les amuser et qui se détournent de tous ceux, quels qu'ils soient, qui voudraient faire leur éducation morale.

Dans cette société où traînent encore les gaz asphyxiants de la guerre, où non seulement la jeunesse mais les hommes mûrs semblent hostiles à tout idéalisme, la Maç∴ devait faire l'objet de *campagnes odieuses* qui contribuaient encore à la diminuer.

Sans doute, nous avons prêté le flanc. Les orateurs de nos Convents se sont parfois laissés aller, dans le feu de la discussion improvisée, à des imprudences de pensée et de paroles dont les adversaires ont perfidement profité. Les comptes rendus de nos Assemblées finissent fatalement par tomber dans des mains profanes. On découpe savamment les phrases, on les isole, on néglige les objections faites par les contradicteurs ou par le Conseil de l'Ordre, on présente comme un vœu adopté par l'universalité des Maçons, une suggestion un peu osée ou un peu légère d'un de nos FF∴.. Demain peut-être saisira-t-on dans le compte rendu de cette année quelques critiques un peu amères du Rapporteur qu'on présentera comme un aveu général de notre indignité. Nous n'y avons peut-être pas assez pensé. L'esprit critique indispensable à nos discussions s'est mué parfois en esprit de critique et de dénigrement. La passion, souvent même la mieux intentionnée, a généralisé et exagéré nos faiblesses. De toutes ces armes que nous laissons tomber, l'adversaire s'empare et constitue, grâce à nous, un arsenal destiné à nous combattre.

Malgré cela, malgré nos pertes de guerre, nous en sommes revenus, vous a-t-on dit, *aux effectifs de* 1914. Mais la quantité importe moins que la qualité et il semble que certains parmi les profanes les plus cultivés et les plus incontestablement républicains ont été impressionnés par les histoires fantastiques, ridicules ou scandaleuses que nos adversaires ont racontées à notre sujet. Les pouvoirs publics eux-mêmes, un moment étonnés, ont cédé à l'opinion qu'on tournait contre nous et ont progressivement limité notre crédit, et des parlementaires, Maçons eux-mêmes, ont parfois craint un patronage qu'ils jugeaient, à l'heure actuelle, compromettant devant leurs électeurs. Cherchez là les véritables causes de l'affaiblissement de notre influence et de notre prestige. Causes sociales, extérieures à nous pour la plupart, et contre lesquelles, suivant les suggestions de la Commission de propagande, interprétées sagement par le Conseil de l'Ordre, il nous faudra lutter en rétablissant partout où ce sera nécessaire la Vérité en face du Mensonge.

*
* *

Est-ce à dire que nous soyons complètement innocents de l'impuissance où nous nous débattons ?

Avec beaucoup de courage et de passion le rapporteur de la question C a fait hier notre confession : à l'activité cléricale, antimaçonnique, a souvent répondu une *paresse laïque*. On n'a pas cru, d'abord, au péril ; puis on s'est abandonné au découragement. On a attendu je ne sais quel secours d'en haut qui se traduit par des reproches au Conseil de l'Ordre, comme s'il ne fallait pas chercher le salut en soi par ses œuvres et non par la grâce.

Depuis trois ans, pourtant, il semble qu'on se ressaisisse.

Je n'en veux pour preuve que le choix des questions maç.·. soumises à l'étude des Loges. En 1926 vous vous demandiez si *l'éducation maç.·.* était pratiquée avec assez de soin, si certaines Loges, plus friandes de cuisine électorales que soucieuses de perfectionnement moral, ne dédaignaient pas l'œuvre essentielle pour laquelle elles étaient instituées. Avec quelle joie j'entendais hier les paroles autorisées de notre F.·. Lanquine : « Je voudrais, disait-il, qu'on demandât à chaque Vén.·. sur le point de quitter le maillet : Combien avez-vous formé de Maçons ? Quel est l'esprit bouillonnant que vous avez su calmer ?

Quel est le tempérament coléreux auquel vous avez appris à se maîtriser ? Quel est l'imperfectible que vous avez amélioré ? Quel est, en un mot, le résultat de l'éducation morale que vous avez mission d'accomplir ? »

Il est impossible que de telles paroles restent sans écho près des délégués des Loges qui les ont entendues. Demain, rentrés dans vos Orients, vous les méditerez, vous regarderez en face les réalités et vous vous mettrez à la tâche.

Vous vous efforcerez aussi d'accomplir votre devoir dans l'œuvre essentielle de *recrutement maç.·.* que vous aviez étudiée l'an passé et sur laquelle la Commission de cette année est revenue avec raison.

Trois questions se posent et vous les avez mises en lumière :

Il convient d'abord de se montrer plus circonspect dans le *choix des initiés* et par suite d'entourer les initiations de précautions nouvelles. Vous aurez, vous a-t-on dit, toute liberté de les prendre et, forts de votre expérience personnelle, vous viendrez nous soumettre l'an prochain des suggestions nouvelles.

Il faut aussi *épurer la Maç.·.* de tous les éléments douteux. Le Règlement vous donne des armes, servez-vous-en. Je sais pourtant que la justice maç.·. qui a été organisée, semble-t-il, uniquement pour protéger les accusés, donne trop beau jeu à certains indésirables. Vous proposerez là encore des modifications précises et le Conseil de l'Ordre vous suivra.

En même temps que vous mettrez dehors les éléments mauvais, entrés par surprise parmi nous, vous vous efforcerez de choisir *les éléments les meilleurs.* On a parlé de recruter les Maçons dans l'élite, et on a dit plus justement parmi les *hommes d'élite,* en spécifiant, comme le Rapporteur, que conscience vaut mieux que science.

Il ne faudrait pas, en effet, négliger les Maçons modestes dont la fermeté de caractère constitue une des forces les plus solides de la Maç.·.. Depuis plus de vingt-cinq ans que je circule d'O.·. en O.·., j'ai été frappé de la fidélité de ces vieux Maçons pour qui la Maç.·. semble être une religion à laquelle ils se sont attachés passionnément comme si, ne pouvant varier à l'infini leurs plaisirs d'ordre supérieur, ils mettaient le meilleur de leur pensée et de leur cœur au service de notre Ordre. Ceux-là sans doute seraient incapables d'analyser à fond les principes de notre idéal, mais ils les sentent. Je les ai vus frémir lorsqu'on nous calomniait, protester quand on nous trahissait, vibrer avec nous et plus que nous lorsqu'un orateur bien inspiré les entraînait au-dessus des bassesses et des trivialités journalières. De grâce, ne les dédaignez pas.

Mais à ces modestes il faut pourtant que vous offriez un travail intéressant. Même pour les attirer et les maintenir, il convient que vous appeliez à nous les élites comme les a définies Lanquine, c'est-à-dire les meilleurs parmi les travailleurs manuels ou intellectuels.

Quand Voltaire se fait initier aux *Neuf-Sœurs*, quand Lafayette, de ville en ville, reçoit un accueil triomphal des Maçons, quand Littré se fait chez nous le propagandiste des doctrines positivistes, quand les créateurs de l'école primaire viennent d'abord chez nous éprouver leurs projets, c'est un gain intellectuel pour chacun des FF.·., un élan nouveau pour les intellectuels qui sont venus à nous, un éclat incomparable pour la Maç.·. tout entière.

Le problème du recrutement des élites est lui-même fonction du *travail* que vous faites *en Loge*. Grave question et qui a légitimement préoccupé la Commission. Elle est allée jusqu'à demander au Conseil de l'Ordre de se constituer en une sorte de Comité d'études supérieur. C'est une conception irréalisable sous la forme qu'on lui avait donnée, mais dont il faut retenir que trop souvent les At.·. sont embarrassés pour donner à leurs membres une pâture intellectuelle suffisante. Pourtant que de motifs de discussions ne trouverait-on pas dans les journaux, dans les bulletins de certaines sociétés, dans les livres que régulièrement signale le « Bulletin Bibliographique » ? Le Conseil de l'Ordre vous y aidera dans la mesure de ses moyens.

L'élite est encore à retenir par la conscience que vous lui donnerez de votre *idéal maç.·.*.

C'est une question sur laquelle nous reviendrons l'an prochain. Il convient pourtant, dès maintenant, que nous dissipions toute équivoque. Notre idéal ne cache aucun but qui ne soit hautement avouable et il est digne de passionner tous les hommes qui pensent librement.

On a dit que nous étions antireligieux, que, suivant une image grossière, « nous mangions du curé » et qu'ainsi nous nous condamnions à périr, le temps des luttes religieuses étant passé.

Disons bien haut que nous ne sommes de parti pris contre aucune philosophie, aucune religion. Notre respect de la liberté de penser nous interdit de combattre, autrement que par des arguments, aucune manifestation de la pensée. Notre opposition ne s'exercera jamais que contre les hommes ou contre les doctrines qui nous dénieraient le droit de penser et de propager notre pensée.

Et c'est là où apparaît *l'équivoque* qu'il convient de dissiper chaque fois que vous le pourrez. La religion considérée comme une affaire privée a sa valeur. C'est un état d'âme qui permet de dissiper en les expliquant les angoisses qu'on peut ressentir en face des énigmes de la vie, mais que la science également peut anéantir. Elle peut aussi bercer par l'espérance les douleurs humaines et tromper par la poésie le dégoût que nous causent la bêtise et la méchanceté. Mais un peu de philosophie y parvient également.

Il y a autre chose dans la religion catholique et cet « autre chose » nous ne pouvons l'admettre. Du jour où l'on créa le Dieu unique, du jour où l'on mit à son service un clergé hiérarchisé jusqu'à la monarchie absolue, il était fatal qu'on répudiât la liberté de penser contrairement au dogme révélé, qu'on appelât erreur tout ce qui n'est pas conforme à ce dogme et qu'on refusât le droit à l'erreur.

Par sa nature même, par les fondements de sa doctrine, par le mécanisme de sa constitution, l'Eglise catholique ne peut admettre qu'on se fasse une opinion en dehors d'elle. Elle répudie donc ce qui est essentiel dans notre philosophie de libre examen et il était normal qu'elle excommuniât

la Franc-Maç.·., même au moment où celle-ci ne la com-
battait pas et accueillait avec faveur les plus intelligents
de ses prêtres.

Quant à nous, ce que nous combattons dans l'Eglise, ce
n'est pas sa morale qui a condensé ce qu'il y avait de plus
pur dans la morale antique, mais qui est aujourd'hui dé-
passée. Ce ne sont pas ses rites qui ont pour nous une valeur
symbolique. Ce ne sont pas ses dogmes dont nous comprenons
l'histoire. *C'est son intolérance.* C'est son incapacité à com-
prendre et à admettre, dans une société fondée sur la liberté,
la liberté la plus essentielle, celle de se faire une opinion
suivant les principes universels de la raison humaine.

C'est aussi sa *prétention avouée à diriger le temporel*
comme le spirituel.

Ici encore, précisons. Il est naturel que l'Eglise prétende
à diriger les peuples. Si, comme elle le croit, elle détient la
vérité absolue, si la vie ne doit être que la préparation à la
mort et n'a pas de raison en elle-même, il est normal que le
clergé veuille exercer son action jusque dans le détail de
la vie journalière. On ne fait pas sa part à Dieu. Si on croit
en lui, si on croit qu'un jour il révéla la vérité et chargea
ses prêtres de la faire connaître, l'obéissance au clergé est
de règle et doit être absolue et illimitée. C'est pourquoi,
normalement, non seulement le catholique intégral, si j'ose
dire, est intolérant, mais encore doit logiquement estimer que
les lois de l'Eglise ont le pas sur les lois de l'Etat.

Mais, en face de ces prétentions de l'Eglise qui reposent
sur *une révélation que nous ne reconnaissons pas*, se dresse
l'effort constant et naturel de la société et de l'Etat à travers
tous les siècles pour résister à la tutelle de l'Eglise.

La lutte contre le cléricalisme et l'intolérance ne date
pas d'hier. Elle commence à Julien l'Apostat et se continue
par la résistance des premières hérésies à l'organisation
du dogme. Elle oppose plus tard l'Empereur au Pape, puis
les premières nationalités en voie de formation. La
Réforme est une résistance religieuse aux prétentions
cléricales — même parfois une résistance laïque — et, dans

la France catholique, le gallicanisme de Bossuet en est une également. La Révolution française continue la tradition royale en voulant maintenir l'indépendance de l'Etat et si elle décide que le clergé sera élu, c'est qu'elle a partout substitué au pouvoir du roi celui du peuple. L'Empereur n'est pas moins catégorique et veut que le clergé ne soit que sa « gendarmerie sacrée » et c'est seulement à la faveur des faiblesses de la royauté de 1815 que l'Eglise reprend son pouvoir.

Mais, remarquez-le, à travers toutes ces vicissitudes l'Eglise a toujours su s'adapter, immuable dans son dogme depuis le Concile de Trente, à la société dans laquelle elle vit, et, s'il est exact qu'elle subsiste actuellement grâce au pouvoir de l'argent, il est téméraire de croire qu'il suffirait de supprimer le capitalisme pour réduire les prétentions et le pouvoir de l'Eglise.

Vous avez donc eu raison, tout en renvoyant à une époque très prochaine l'étude objective des doctrines socialistes, de placer en tête cette année celle de la laïcité de l'Etat. Le cléricalisme a su dominer l'Empire Romain comme les royaumes barbares. Les prêtres et les moines se sont faits seigneurs féodaux au moyen âge et quand la royauté a triomphé ils sont devenus les serviteurs et les ministres des rois afin de les mieux diriger. Ne doutez pas que si le socialisme triomphe un jour, après le christianisme des banquiers nous aurons celui de la sociale.

C'est donc un sujet de méditation digne de retenir l'attention, non seulement de la masse, mais encore de l'élite que de proposer à la Maç∴ d'étudier, en soi, la question de la laïcité.

L'attitude de tout être qui pense saurait-elle d'ailleurs être douteuse ? Sans doute, l'Eglise instruite par l'expérience, n'est plus aussi disposée à combattre les savants et cherche plutôt à interpréter des découvertes et des hypothèses jadis condamnées pour étayer ses dogmes et renforcer la foi. Au fond, toute pensée un peu neuve l'effraie. Il y a en effet antinomie profonde entre la pensée religieuse et la pensée scientifique.

La religion demande la foi, alors que la science appelle la critique. On est mal préparé, quand on croit à la Vérité absolue pour passer systématiquement en revue toutes les vérités acquises, qui ne sont que les explications utiles et provisoires des faits. Les deux méthodes sont à l'opposé l'une de l'autre et on ne peut résoudre la difficulté qu'en séparant artificiellement les deux domaines, en admettant qu'il y a deux méthodes de recherche de la vérité, ce qui répugne à la raison humaine.

Chez nous, au contraire, la discussion la plus libre est de rigueur. Toute opinion peut trouver des défenseurs qui seront écoutés avec déférence. Quelle plus belle école d'éducation mutuelle pour tenter un savant qui ne veut pas conserver jalousement sa vérité mais brûle de la répandre !

Surtout vous attirerez les hommes d'élite et de conscience par la *haute tenue morale de nos Ateliers.*

Parce qu'on a souvent opposé l'ordre du jour à ses suggestions, le Rapporteur de la question C a pu croire un moment qu'on faisait peu de cas de l'effort qu'il avait accompli.

Pourtant son labeur n'a pas été vain, car si ses conclusions n'ont pas été adoptées, son rapport, passionnément suivi, a porté et laissera dans tous les esprits des traces qui ne disparaîtront pas demain. S'il a compris l'esprit général de l'Assemblée et du Conseil de l'Ordre, il sentira que la *réforme n'est pas dans les règlements mais dans les esprits et les volontés.*

Si beaucoup des dispositions du Règlement ne sont pas toujours respectées comment pourrait-on espérer qu'une disposition nouvelle rendra les Maçons plus disciplinés et plus frat∴ ? *Faites-nous d'abord des Maçons et des Vén∴ dignes de les conduire.*

La sévérité des règles que le Rapporteur a posées, et que le Président a défendues avec courage, m'incline à penser que les Loges de Marseille ont, dans la Fédération, grâce à leurs Officiers, une place privilégiée. Je les en félicite. *C'est en l'appliquant soi-même qu'on prouve qu'une réforme est applicable.* Trop souvent notre désir de mieux se traduit par la critique du voisin. Mauvaise méthode. « Les exemples vivants sont d'un autre pouvoir. » Si vous voulez m'apprendre à marcher droit ne me dites pas comment je dois faire pour marcher droit. Allez devant et je vous suivrai.

« Je compte — laissez-moi rappeler le mot historique — *je compte que chacun fera son devoir.* »

C'est la conclusion que je tirerai de ce trop long discours. Vous avez, mes FF.'., travaillé cette année avec une discipline, une sagesse qui vous honorent. C'est du meilleur augure pour les travaux qui vont reprendre en octobre dans vos Loges. *Ayez confiance en vous* et la partie est gagnée. Sans doute des difficultés nouvelles se dresseront à chaque pas devant vous. Ne vous découragez jamais. La voie qui conduit au progrès n'est pas une route de plaine toute droite entre des lignes bien sages de peupliers. C'est un chemin de montagne qui monte en lacets infinis, bordés de rochers et de précipices. Au moment où vous croyez approcher du but un virage détourne votre route. Parfois même le chemin redescend la pente pour remonter plus loin. Le voyageur fatigué soupire : « N'arriverai-je donc jamais ? » Je le vois parfois jeter avec lassitude la canne qui le soutient et s'étendre à terre au bord de l'abîme qui lui donne le vertige. Mais son regard entrevoit au loin les cimes. Alors il se redresse et, les yeux vers le ciel, dans le soir qui tombe, il reprend sa marche à l'étoile.

Soyez comme lui, mes FF.'., *l'avenir est à ceux qui jamais ne désespèrent. L'avenir est à ceux qui tiennent.* Faisons le serment de tenir pour la Liberté, pour le Progrès, pour la Justice et pour la Paix universelle. (*Applaudissements prolongés.*)

Paris. Imp. Nouvelle. — (Association ouvrière), 11, rue Cadet, — 1937-10-28.

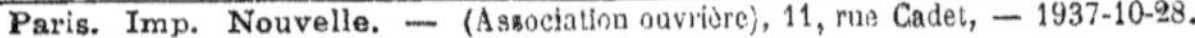